Pedro Paulo A. Funari

Os antigos habitantes do Brasil

FUNDAÇÃO EDITORA DA UNESP

Presidente do Conselho Curador
Mário Sérgio Vasconcelos

Diretor-Presidente
Jézio Hernani Bomfim Gutierre

Superintendente Administrativo e Financeiro
William de Souza Agostinho

Conselho Editorial Acadêmico
Danilo Rothberg, Luis Fernando Ayerbe,
Marcelo Takeshi Yamashita, Maria Cristina Pereira Lima,
Milton Terumitsu Sogabe, Newton La Scala Júnior,
Pedro Angelo Pagni, Renata Junqueira de Souza,
Sandra Aparecida Ferreira, Valéria dos Santos Guimarães

Editores-Adjuntos
Anderson Nobara, Leandro Rodrigues

EQUIPE DE REALIZAÇÃO

Edição de Texto
Solange Scattolini Felix (Preparação de Original e Revisão)
Alberto Bononi (Assistente Editorial)

Editoração Eletrônica
Betina Hakim
Vicente Pimenta

Dados Internacionais de Catalogação na Publicação (CIP)
de acordo com ISBD
Elaborado por Vagner Rodolfo da Silva - CRB-8/9410

F979a
Funari, Pedro Paulo A.
   Os antigos habitantes do Brasil / Pedro Paulo A. Funari; Ernesta Zamboni (coord.); Luis Galdino (adaptação do texto); Mari Pini (projeto gráfico); ilustrado por Isabel Voegeli Stever. – 2. ed. – São Paulo: Editora Unesp, 2019.

   ISBN: 978-85-393-0748-7

   1. Arqueologia – Brasil – Literatura infantojuvenil. 2. Brasil – História – Literatura infantojuvenil. 3. Índios da América do Sul – Brasil – Literatura infantojuvenil. 4. Índios da América do Sul – Brasil – História. I. Zamboni, Ernesta. II. Galdino, Luis. III. Pini, Mari. IV. Stever, Isabel Voegeli. V. Título.

2018-1009   CDD 981
                                                     CDU 94(81)

            Índice para catálogo sistemático:
1. Brasil: Índios: Literatura infantojuvenil 028-5
2. Índios: Brasil: Literatura infantojuvenil 028-5

A Editora Unesp é afiliada:

Asociación de Editoriales Universitarias de América Latina y el Caribe

Associação Brasileira de Editoras Universitárias

Pedro Paulo A. Funari

Os antigos habitantes do Brasil

2ª edição

coordenação
Ernesta Zamboni

adaptação do texto
Luis Galdino

ilustrações
Isabel Voegeli Stever

projeto gráfico
Mari Pini

editora unesp

Você, com certeza, já ouviu falar sobre como o Brasil foi descoberto. Os portugueses pretendiam chegar às Índias porque era lá que estavam as especiarias. A pimenta, o cravo, a canela e a noz-moscada eram as mais cobiçadas e custavam muito dinheiro na Europa. Cabral estava a caminho das Índias, quando foi atirado às costas do Brasil.

Com receio das calmarias, ele ordenou que sua frota se afastasse das costas da África. E tanto se afastou que caiu numa corrente marítima e veio parar no litoral da Bahia. O almirante ficou muito surpreso. Primeiro, porque descobriu que havia terra onde imaginava que existia apenas água. E, depois, descobriu que essa terra já era habitada por povos desconhecidos.

O encontro entre povos

Em 1492, 8 anos antes de Cabral desembarcar no Brasil, Colombo aportou nas Américas, mas pensou que havia chegado às Índias. Por isso chamou os nativos de índios. Os portugueses também acabaram por chamar de índios os habitantes da nova terra.

Hoje sabemos que os descobridores cometeram alguns enganos. Deram o nome de ilha a uma terra que é um verdadeiro continente. E tomaram por habitantes das Índias povos que viviam nessa terra há milênios.

Com o tempo, acabaram conhecendo a terra que pisavam e entendendo um pouco melhor esses povos de costumes tão diferentes. Não souberam explicar de onde vinha essa gente.

Como esses povos chegaram às Américas?

Muitas pessoas, hoje em dia, se perguntam de onde eles teriam vindo e de que forma, pois as Américas se encontravam separadas dos outros continentes pela imensidão dos oceanos. Atlântico de um lado e Pacífico do outro.

Você sabe de onde eles vieram?

Alguns estudiosos acham que os índios vieram da Ásia, porque possuem traços comuns com chineses e japoneses. Por exemplo: índios e japoneses têm cabelos lisos, poucos pelos e olhos puxados. Porém, o Japão e a China ficam do outro lado do mundo. Como teriam chegado às Américas?

Uma explicação

África

Ás

Hoje, nós conhecemos o mundo bem melhor que os portugueses o conheciam no século XVI. E ficou mais fácil entender que os asiáticos poderiam perfeitamente passar da Ásia para a América do Norte, e daí para a América do Sul, sem grandes dificuldades.

Na região do Alaska, na América do Norte, existe um lugar chamado Estreito de Bering, onde a distância entre os lados americano e asiático é de apenas noventa quilômetros. Portanto, os asiáticos poderiam muito bem ter realizado a travessia.

Sabemos também que o nível das águas já foi bem mais baixo. E que havia uma passagem por onde alguns povos do Oriente atravessaram a pé. Após alguns milhares de anos, os descendentes desses povos teriam chegado à América do Sul

Essa é a explicação mais aceita hoje.

Estreito de Bering

Outras possibilidades

América do Norte

A hipótese anterior poderia explicar a entrada de povos daquela região. Porém, no Brasil e em outros pontos das Américas, foram encontrados crânios que não se assemelham nem aos de índios nem aos de asiáticos. Essas descobertas indicam que os primeiros povoadores seriam da Oceania (australianos), que teriam vindo pelo Estreito de Bering antes dos asiáticos, ou poderiam ter vindo pelo oceano Pacífico, até a América do Sul.

América do Sul

O fato é que os portugueses encontraram apenas índios de traços asiáticos, como nós os conhecemos. O que teria acontecido com os antigos habitantes de origem australiana? E se eles desapareceram completamente, como podemos afirmar que eram desta ou daquela procedência?

Essas perguntas não são fáceis de responder. Primeiro, porque aqueles povos desapareceram. Segundo, porque eles, como os outros antigos habitantes, viviam numa época em que não se conhecia a escrita; mas eles deixaram pistas, sinais.

Em busca do passado

Instrumentos de pedra, chamado líticos, feitos pelos antigos habitantes do Brasil.

Nenhum dos povos que viveram no Brasil antes do descobrimento possuía escrita. Apesar disso, podemos ter uma ideia bastante correta de como eles viviam, através das descobertas feitas por arqueólogos.

Embora eles não possuíssem escrita, deixaram instrumentos de pedra, pinturas nas paredes das cavernas e objetos de cerâmica. Pelas escavações realizadas por arqueólogos, é possível localizar restos de antigas aldeias, cemitérios, ossadas e alimentos, que permitem reconstruir a vida diária daqueles habitantes.

Afora isso, os arqueólogos dispõem de várias técnicas que permitem datar com precisão a idade de um osso ou do carvão de uma fogueira.

Sítio arqueológico de Jupiá.

Sambaquis: restos de comida

Sambaqui é uma palavra tupi que significa monte de mariscos. Eles são encontrados no litoral e nas margens dos rios e serviam de alimento aos antigos habitantes. Esses habitantes comiam os mariscos e jogavam fora as conchas, que iam se empilhando.

Muitas gerações se sucediam no mesmo lugar, enquanto havia alimento. Os montes de conchas iam crescendo e acabavam adquirindo a forma de colinas. Os sambaquis mais antigos do Brasil têm 8 mil anos e alcançam a altura de um prédio de dez andares. Eles constituem importante fonte de pesquisa, porque no meio dessas concheiras se encontram objetos, ossos e carvão.

A pedra: o começo de tudo

A pedra foi a primeira matéria-prima a ser usada em larga escala pelos habitantes da Terra. No início, eles apenas lascavam as pedras. Depois, passaram a poli-las. E, assim, a pedra foi tomando a forma de objetos mais variados.

Na Pedra de Ingá, um paredão de 24 metros de largura por 3 metros de altura foi coberto por inscrições.

As pontas de lança eram confeccionadas em vários tipos de pedras.

Entre os artefatos mais encontrados pelos arqueólogos estão os machados em pedra lascada.

Pacientemente, batiam pedra contra pedra, conseguindo a lasca que podia se transformar num raspador para limpar couro de animais ou numa ponta de flecha. Mas a pedra trabalhada também era transformada em machados, pontas de lanças, pilão e panelas.

A pedra, presente no dia a dia, importante na caçada, no plantio, na cozinha e na construção, teve a sua função tão destacada que a esse período se deu o nome de Idade da Pedra.

O gosto pela pintura

Os antigos habitantes do Brasil apreciavam muito a pintura. Pintavam os próprios corpos, decoravam os objetos de barro e pintavam e desenhavam nas paredes das cavernas. Em todas as regiões do país existem pinturas desse tipo.

É difícil saber o que os levava a pintar paredes inteiras, mas deviam ter bons motivos, pois dedicavam grandes esforços e bastante tempo a essa atividade.

Nessas pinturas estão representados animais, figuras humanas, cenas de dança, guerra e caça. Talvez pintassem essas imagens por acreditarem que, assim, facilitariam a caçada e a vida no dia a dia.

Além das pinturas coloridas, usavam as gravuras, riscos feitos nas rochas, que representavam pessoas, animais e figuras geométricas. As pinturas mais antigas estudadas até agora foram feitas há 10 mil anos.

Os antigos habitantes do Brasil | 19

A cerâmica: uma história antiga

Os antigos habitantes da região Amazônica chegaram há pelo menos 10 mil anos, possibilitando o surgimento das primeiras aldeias. Embora os portugueses e espanhóis já tivessem explorado a região desde o século XVI, os arqueólogos só descobriram a Amazônia no século XIX. E as surpresas foram muitas.

Nas zonas ribeirinhas existiam colinas artificiais, formadas pelo longo tempo de ocupação. Em regiões onde os índios eram raros foram encontrados vasos decorados de grande beleza.

Vaso de Santarém. O corpo da peça – muito rica em detalhes e criatividade – é sustentado por figuras humanas e de animais.

Prato em cerâmica de origem marajoara.

A originalidade das cerâmicas de Marajó e Santarém surpreendeu até quem conhecia a cerâmica das grandes civilizações do passado, como a egípcia e a grega.

Alguns arqueólogos acreditam que, ali, no meio da floresta Amazônica, a cerâmica tenha sido inventada ao mesmo tempo que em outras partes da Terra, sendo das mais antigas do mundo.

As peças de Santarém representam com fidelidade o universo em que esse povo viveu, mostrando cenas do cotidiano ou animais com os quais conviviam.

Potes de barro: a arte das mulheres

Vasos de grandes dimensões eram utilizados para preparar bebidas e como urna funerária, para evitar que o corpo dos mortos ficasse em contato com a terra.

O uso do barro para fazer potes e outros objetos foi uma grande descoberta, aperfeiçoada com a utilização de fornos especiais que davam maior resistência às peças. Esse processo resultou na cerâmica, que passou então a ser usada na produção de pratos, cachimbos, potes para armazenar água e alimentos e até para enterrar os mortos.

Vasos com formas estilizadas de figuras humanas têm detalhes em relevo e desenhos geométricos.

Os antigos habitantes do Brasil

Grandes potes (igaçabas) eram usados para guardar cauim, uma espécie de cerveja de milho. Quando os potes ficavam velhos, eram usados como urna funerária, onde se colocavam a pessoa morta e seus pertences, sendo depois fechados com uma tampa para que o morto não tivesse contato com a terra. Em alguns grupos indígenas, a urna funerária tinha a forma de uma pessoa, e o morto dentro dela simbolizava a volta à barriga da mãe.

O trabalho com cerâmica era feito por mulheres e crianças.

Urnas de sepultamento representando figura humana sentada.

A arte da pedra

A cerâmica usada nas regiões de Santarém e Marajó expressava a criatividade e a beleza de um objeto de arte. O mesmo aconteceu com a pedra. Usada para fazer objetos de uso diário, com o tempo passou a servir para a criação de outros tipos de objetos.

Os mais apreciados eram as rãs verdes, muiraquitãs, que os índios levavam dependuradas no pescoço. Também representavam aves, pássaros, peixes, tatus e animais fantásticos esculpidos em pedra. É certo que eram usadas como talismãs para atrair a boa sorte. Mas é possível que representassem também deuses, heróis e personagens das histórias contadas pelos velhos.

Escultura de pedra com forma humana.

Prato de pedra, com acabamento e polimento.

O peixe, principal fonte de alimentação dos antigos povos, foi muito representado.

Muiraquitãs, os amuletos de boa sorte, em forma de rã, feitos em pedra.

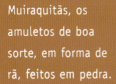

Conjunto de pedras com diferentes formas.

Os antigos habitantes do Brasil | 25

Documentos se perdem

Até agora falamos das pinturas de cavernas, instrumentos de pedra, potes de cerâmica, objetos que resistem a milhares de anos. Mas existem também materiais de durabilidade menor, que desaparecem rapidamente. E com eles os objetos criados.

Wai Wai
Diadema emplumando.

Tanga feminina
Wanano, Amazonas.

26 | Os antigos habitantes do Brasil

É difícil encontrar, por exemplo, objetos de osso, de origem vegetal ou animal em bom estado de conservação. Dos ossos eram feitos colares, flautas e apitos. As cestas eram feitas com fibras de plantas, como o caroá e o ouricuri. Portanto, os objetos aqui representados são todos atuais.

Manto emplumado tupinambá.

Cesto para cachimbo, dardos e acessórios.

Uma terra diferente

Talvez você tenha ficado surpreso com o tipo de trabalho que é realizado pelo arqueólogo. É um trabalho diferente mesmo. Ele pode reconstruir uma aldeia inteira que desapareceu a partir de uns poucos objetos que descobriu. Além disso, fique sabendo que a nossa terra de 10 a 20 mil anos atrás era muito diferente.

O território era maior, porque o nível do mar se achava noventa centímetros mais baixo. Isso equivale a quilômetros de terras que hoje estão debaixo da água.

O clima era mais frio, de modo que a floresta Amazônica era menor e os pinheirais do sul chegavam até Minas Gerais. Agora, diferentes mesmo eram os animais que conviviam com o homem nessa época. Animais gigantes que não existem mais. Tigres de dente de sabre, preguiças e tatus maiores do que um cavalo. À medida que o clima foi se esquentando, esses animais foram desaparecendo.

Os primeiros habitantes

Os antigos habitantes viviam da caça, da pesca e da coleta de frutos. Reuniam-se em grupos para caçar os grandes animais da época, o que pode ter contribuído para o desaparecimento daquela fauna. Considerando que, além da caça, comiam peixes, moluscos, frutos e raízes, sua comida era bem variada.

Nas caçadas, usavam lanças com pontas de pedra. Quase sempre viviam em grutas. Muitas pinturas que encontramos hoje foram feitas naquela época.

Muito cedo, começavam a participar do trabalho que garantia a sobrevivência do grupo. Era comum se tornarem pais com a idade entre 13 e 15 anos, e as pesquisas arqueológicas revelam também que muitos morriam jovens. Poucos chegavam à velhice.

Os homens começam a plantar

Há 10 mil anos, o clima começou a esquentar. Aos poucos foi ficando parecido com o que é hoje. Há oito mil anos, já existia gente em todo o território. E essas mudanças trouxeram outras. Os antigos habitantes nunca deixaram de caçar, pescar ou colher frutos e raízes, mas alguns começaram a plantar para a sua própria subsistência.

Os povos que plantavam precisavam de recipientes para armazenar os alimentos. Foi assim que inventaram a cerâmica e fizeram os primeiros potes de barro. Muito antes da chegada dos portugueses, os índios já comiam feijão, milho e amendoim, que foram adotados pelos colonizadores. E também cará, mandioca, abacaxi, caju e outras frutas que comemos até hoje.

O plantio do algodão permitiu a produção de tecidos com os quais se protegiam do frio. E, cultivando seus alimentos, podiam até viver em lugares onde a caça e a pesca não fossem tão abundantes. Essas novidades tornavam os homens mais livres para se dedicar a outras atividades.

Onde viviam os antigos habitantes?

Como os grandes painéis pintados se encontram no interior de grutas, pode-se imaginar que os antigos habitantes vivessem apenas nesses abrigos, o que não é verdade. Eles viviam também em cabanas, algumas de grandes dimensões, onde se juntavam muitas famílias.

Era, porém, em regiões mais frias que se encontrava o tipo de moradia mais original. Como o clima era frio, eles faziam buracos no chão, que se transformavam em habitações subterrâneas. Cavavam buracos quase sempre circulares, lado a lado, originando assim aldeias inteiras subterrâneas. Acima do buraco colocavam uma cobertura, de maneira que ficassem ao abrigo do frio e da chuva.

Nos atuais estados do Rio Grande do Sul, Santa Catarina e Paraná, já foram descobertas mais de mil habitações desse tipo, conhecidas como "buracos do bugre".

Aldeias de 10 mil pessoas

Na Amazônia, os arqueólogos encontraram aldeias que foram ocupadas por várias gerações. Elas eram passadas de pais para filhos. E, com o passar do tempo, as aldeias cresciam a ponto de abrigar até 10 mil pessoas. As construções eram feitas sobre colinas, que protegiam os moradores contra as enchentes e os ataques inimigos.

A importância e o prestígio das mulheres eram muito grandes nas tribos, a ponto de os europeus julgarem, muitas vezes, ter chegado à terra das Amazonas, de que falavam antigas lendas europeias. Em vista disso, deram o nome de Amazônia àquela região.

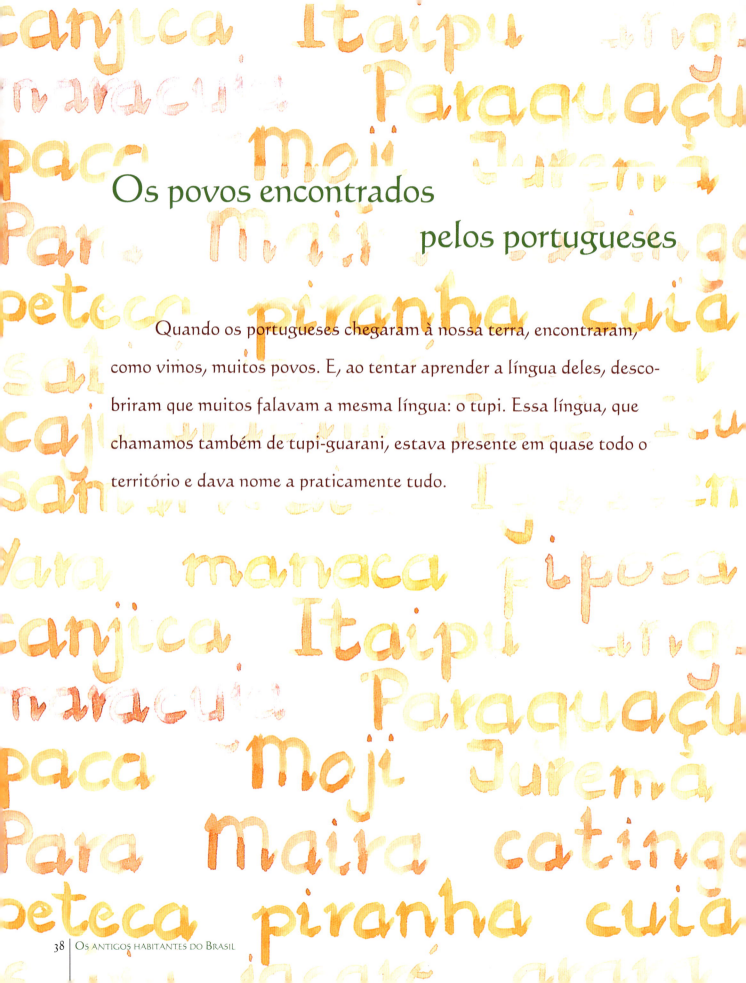

Os povos encontrados pelos portugueses

Quando os portugueses chegaram à nossa terra, encontraram, como vimos, muitos povos. E, ao tentar aprender a língua deles, descobriram que muitos falavam a mesma língua: o tupi. Essa língua, que chamamos também de tupi-guarani, estava presente em quase todo o território e dava nome a praticamente tudo.

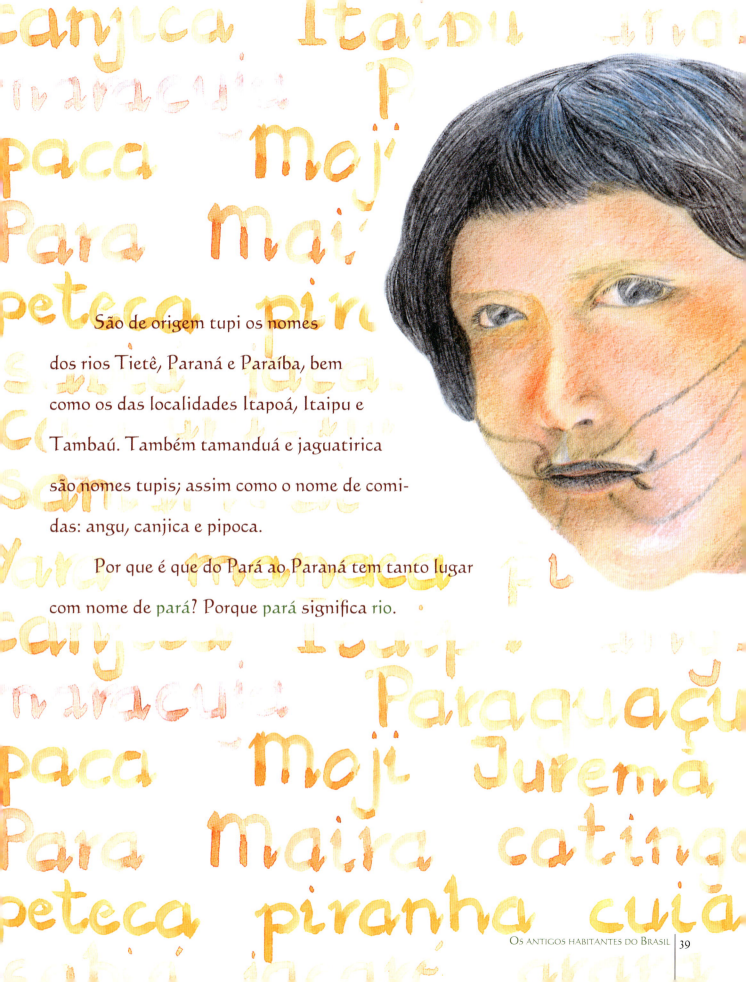

São de origem tupi os nomes dos rios Tietê, Paraná e Paraíba, bem como os das localidades Itapoá, Itaipu e Tambaú. Também tamanduá e jaguatirica são nomes tupis; assim como o nome de comidas: angu, canjica e pipoca.

Por que é que do Pará ao Paraná tem tanto lugar com nome de pará? Porque pará significa rio.

Os índios tupis

Os tupis eram todos os índios que falavam a língua tupi. Eles se dividiam em várias tribos, que guerreavam entre si, mas que falavam o tupi com pequenas variações. No tempo do descobrimento, eles viviam na Amazônia e dominavam o litoral até o Rio Grande do Sul. No interior, estavam presentes no Mato Grosso e também nos estados do Sul e do Sudeste.

Não sabemos de onde vieram os tupis. Os arqueólogos, porém, têm descoberto na Amazônia cerâmicas com belos desenhos, o que indica que eles seriam originários dessa região e teriam se espalhado por todo o país. Segundo alguns estudiosos, a dispersão desses tupis-guaranis deve ter acontecido há uns 3 mil anos.

O dia a dia dos índios

As atividades de caça, pesca, coleta e agricultura eram muito importantes, pois deviam alimentar também os velhos e crianças que não caçavam, pescavam ou plantavam. As mulheres, como os idosos e as crianças, cuidavam do trabalho de cerâmica e cestaria.

Se os índios viviam em guerra, também encontravam tempo para brincadeiras. Havia, por exemplo, um jogo para quatro pessoas. Duas ficavam de um lado, batendo paus, enquanto, do outro, dois jogadores faziam seus movimentos. Gostavam de cantar e de dançar, de brincar de roda e de fazer acrobacias, colocando as mãos para cima e pegando os pés de outra pessoa. Sabemos de tudo isso porque esses jogos e brincadeiras se acham registrados nas pinturas feitas nas rochas.

Uma terra mais antiga do que a gente pensa

Agora você já sabe que a ocupação do território brasileiro é bem antiga. Quando os portugueses chegaram, encontraram muita gente que já estava aqui há muito tempo. E nós temos tudo a ver com essa gente.

Diariamente vemos lugares que têm, ainda hoje, nomes de batismo dados pelos indígenas. Por falar em batismo, esta terra já teve outros nomes, como Pindorama, que significa Terra das Palmeiras.

Muitos de nós temos o sangue dos índios correndo em nossas veias. Aprendemos com eles também a utilizar diversos alimentos. Estamos tão impregnados da cultura indígena que, em vez de brasileiros, poderíamos nos chamar tupiniquins.

Tabela cronológica

Há mais de 10 mil anos já havia homens no Brasil.

Entre 15 e 8 mil anos atrás, o clima frio foi se tornando mais quente. Por volta de 7 mil anos atrás, o clima ficou mais parecido com o que temos hoje.

As pinturas das cavernas começaram a ser feitas por volta de 10 mil anos atrás.

Os sambaquis (montes de conchas) foram formados no período entre 8 e 2 mil anos atrás.

A cerâmica já era conhecida há 7 mil anos, sendo portanto tão antiga quanto as mais antigas do mundo.

Os homens começaram a cultivar os alimentos há 7 mil anos.

O Brasil já estava quase todo ocupado há 5 mil anos.

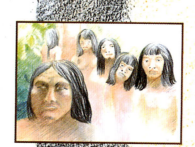

É possível que os tupis-guaranis, principais habitantes encontrados pelos portugueses, já estivessem aqui há mais de 2 mil anos.

Achados e perdidos

Trecho da Carta de Pero Vaz de Caminha

"... a terra em si é de muitos bons ares frescos e temperados. As águas são muitas; infinitas. Em tal maneira é graciosa que, querendo-a aproveitar, dar-se-á nela tudo; por causa das águas. Contudo, o melhor fruto que dela se pode tirar parece-me que será salvar essa gente."

Uma explicação

Os estudos sobre estes povos só puderam ser feitos depois que estudiosos se interessaram pela Arqueologia.

O gosto pela pintura

Pinturas e gravuras como essas são encontradas em todo o país, com destaque para Minas Gerais e Mato Grosso. É claro que elas não podem ser levadas para um museu. Nesse caso, vão as fotos ou as cópias feitas no local, com o auxílio de telas transparentes, que permitem decalcar as imagens com bastante fidelidade.

Sambaqui

Agora que você já sabe o que é um sambaqui, poderá visitar um deles em Cananeia (SP) ou no litoral catarinense. E, se for a Joinville, complemente suas informações visitando o Museu do Homem do Sambaqui.

Potes de barro: a arte das mulheres

As antigas populações eram tão numerosas no Brasil, que até hoje os objetos por elas produzidos são encontrados, sempre que se prepara a terra para o plantio, se abre uma estrada ou se assentam os alicerces para uma obra. O ideal, nesses casos, é avisar a universidade ou o museu mais próximos.

A arte da pedra

Lenda do yaruté: a onça dos índios prende e tenta devorar um jabuti. A onça era um deus da pescaria.

Documentos se perdem

Pense no que acabou de ler e imagine quanta coisa interessante desaparece antes de ser estudada. Você não precisa ser arqueólogo para se preocupar com isso. Imagine quantos documentos e objetos frágeis existem guardados até na sua própria casa que estão sujeitos à ação das traças e outros bichos. Entregue tudo ao museu da sua cidade. Somente o museu possui condições ideais de conservação.

Uma terra diferente

O clima era mais frio e os animais que conviviam com o homem eram mamíferos gigantes.

Os primeiros habitantes

Na caça, os índios usavam armas, redes e armadilhas. Na pesca, serviam-se de vários tipos de barcos, flechas e também armadilhas. E nas guerras, utilizavam lanças e, principalmente, arco e flecha.

Os homens começam a plantar

Plantavam cará e mandioca e comiam açaí, araçá, umbu, cajá, sapoti, siriguela, abacaxi, tucumã, aracati, mangaba, cambucá, goiaba, maracujá, ingá, jabuticaba. Todas essas palavras têm duas coisas em comum: são de origem indígena e dão nome a alimentos.

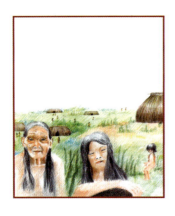

Aldeias de 10 mil pessoas

Os arqueólogos encontraram na Amazônia aldeias que foram habitadas por várias gerações. Nelas, o prestígio das mulheres era muito grande. Eram excelentes guerreiras e não aceitavam viver sob as ordens dos homens. Francisco Orellana batizou o rio Amazonas com esse nome por julgar que havia lutado com as amazonas.

Os povos encontrados pelos portugueses

Os portugueses, quando chegaram à nova terra, encontraram povos que falavam diferentes línguas. E são de origem tupi muitos nomes de cidades brasileiras, como Mogi Guaçu, Mogi Mirim, Piratininga, Jacareí, Paraitinga, Caçapava, Taubaté, Pindamonhangaba, Guaratinguetá, Ubatuba, Parati, Cabreúva, Itu, Sorocaba.

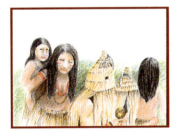

O dia a dia dos índios

As atividades do cotidiano eram enriquecidas com a dança e o canto, acompanhados de instrumentos musicais como flautas de bambu, flautas de ossos, tambores, maracás e outros.

Uma terra mais antiga do que a gente pensa

Estas informações se tornariam mais palpáveis se você tivesse diante dos olhos alguns objetos de pedra, potes de barro ou um crânio dos antigos índios. Isso você pode ver indo a um museu. No Rio de Janeiro, há o Museu Nacional; em São Paulo, o Museu de Arqueologia e Etnologia da USP; em Belém, o Museu Emílio Goeldi. E na sua cidade deve haver um também. O museu é um bom lugar para entender como aqueles povos antigos continuam presentes na nossa vida.

Lugares da memória

Seja você o arqueólogo

Você já pensou em ser arqueólogo?

O arqueólogo identifica sítios arqueológicos, os locais onde se encontram vestígios antigos. Trabalha também em museus, estudando os vasos de cerâmica, os artefatos de pedra ou de ossos. Dessa forma, descobre-se como viviam os homens no passado, como eram seus costumes e seus sentimentos.

A pesquisa arqueológica é muito interessante. Veja a seguir as sugestões de atividades que você pode desenvolver.

Escavação arqueológica na Ilha do Mar Virado, Ubatuba, São Paulo (1991).

Os antigos habitantes do Brasil | 53

Atividades

1. Na sua cidade existe algum lugar que lembre os homens que viviam antes da chegada dos portugueses?

2. Se você for viajar, leve uma câmera e fotografe os possíveis vestígios arqueológicos que encontrar.

3. Ao visitar museus, observe se há uma seção dedicada à arqueologia.

4. Pesquise em jornais e revistas temas sugeridos pela leitura deste livro. Com os dados pesquisados, organize um álbum.

5. Proponha à sua escola uma exposição do material coletado em suas pesquisas.

Livros para consultar

Se você gostou do assunto e quer conhecê-lo melhor, achará tudo o que quiser nas páginas destes livros:

- *Os primeiros habitantes do Brasil*

de Norberto Luiz Guarinello.

São Paulo: Atual (dirigido a jovens do ensino fundamental).

- *Arqueologia*

de Pedro Paulo A. Funari.

São Paulo: Ática (para jovens do ensino médio e adultos).

- *Arqueologia brasileira*

de André Prous.

Brasília: Editora da UnB (para o público adulto).

Créditos das ilustrações

página 12	Artefatos de pedra, Museu de Arqueologia e Etnologia da USP, São Paulo.
página 13	Sítio arqueológico de Jupiá.
páginas 16 e 17	Artefatos de pedra, Museu Nacional do Rio de Janeiro, Museu de História Natural de Minas Gerais, Instituto Histórico e Geográfico do Amazonas. Pedra do Ingá, próximo a Campina Grande - Paraíba.
páginas 18 e 19	Os desenhos da "Pedra Furada" são em tinta vermelha de diferentes tons, representando répteis, pássaros e figuras humanas. Pintura rupestre da "Lapa dos Desenhos" em Minas Gerais na região de Lagoa Santa, foto de Paulo Alvarenga Junqueira.
páginas 20 a 23	Peças de cerâmica originárias de Santarém e Marajó pertencentes ao Museu de Arqueologia e Etnologia da USP e ao Museu Paraense Emílio Goeldi, Belém do Pará.
páginas 24 e 25	Peças de pedra encontradas no Sambaqui, Imaruí, Santa Catarina. Museu da Universidade Federal de Florianópolis, Santa Catarina; Museu Nacional da UFRJ, Rio de Janeiro; Museu Paraense Emílio Goeldi, Belém do Pará.
página 26	Diadema emplumado Wai Wai, Guiana Francesa - Staatliches Museum für Volkerkunde, Dresden, Alemanha. Tanga feminina Wanano, Amazonas, Museu Paraense Emílio Goeldi, Belém do Pará.
página 27	Manto emplumado tupinambá, Pernambuco. Departamento de Etnografia, Copenhague, Dinamarca. Cesto para cachimbo, dardos e acessórios, Makuxi, Roraima - Staatliches Museum für Volkerkunde, Dresden, Alemanha.

Fontes bibliográficas

Fotos do livro *Herança: a expressão visual do brasileiro antes da influência do europeu*, editado pelas Empresas DOW, 1984, São Paulo.

Catálogo *Mostra do Redescobrimento Brasil 500 anos*. Artes Indígenas e Arqueologia. 2000, São Paulo.

Créditos do Autor

Pedro Paulo A. Funari é historiador, doutor em arqueologia e professor livre-docente da Unicamp. Como arqueólogo, realizou pesquisas em vários países, como Espanha, Itália e Inglaterra. No Brasil, coordenou as pesquisas arqueológicas no Quilombo de Palmares, em Alagoas, e atua como pesquisador do Museu de Arqueologia e Etnologia da USP. É autor de livros que divulgam suas pesquisas e reflexões para crianças e adultos.